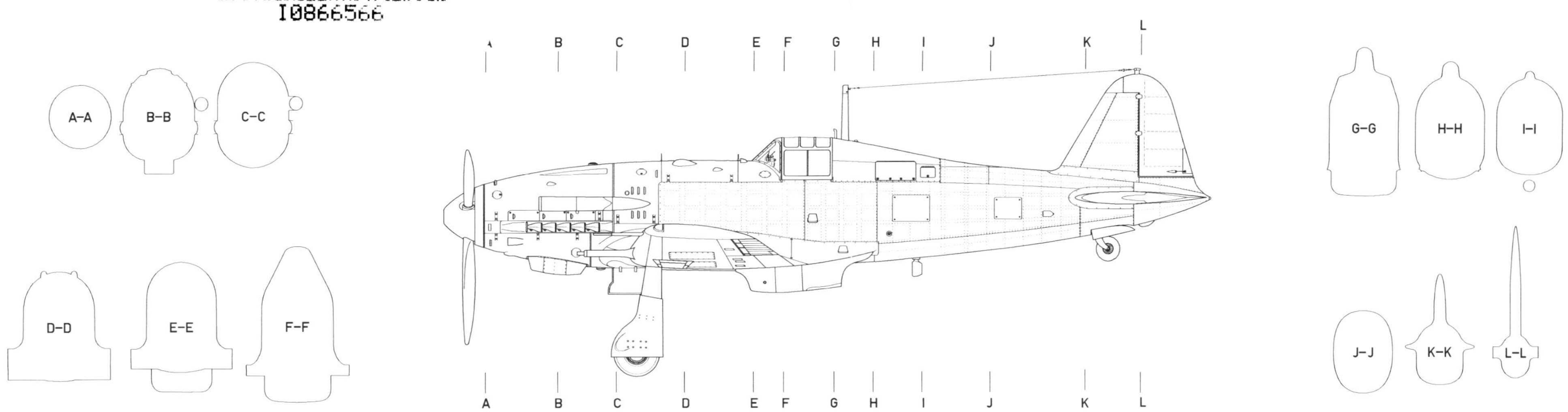

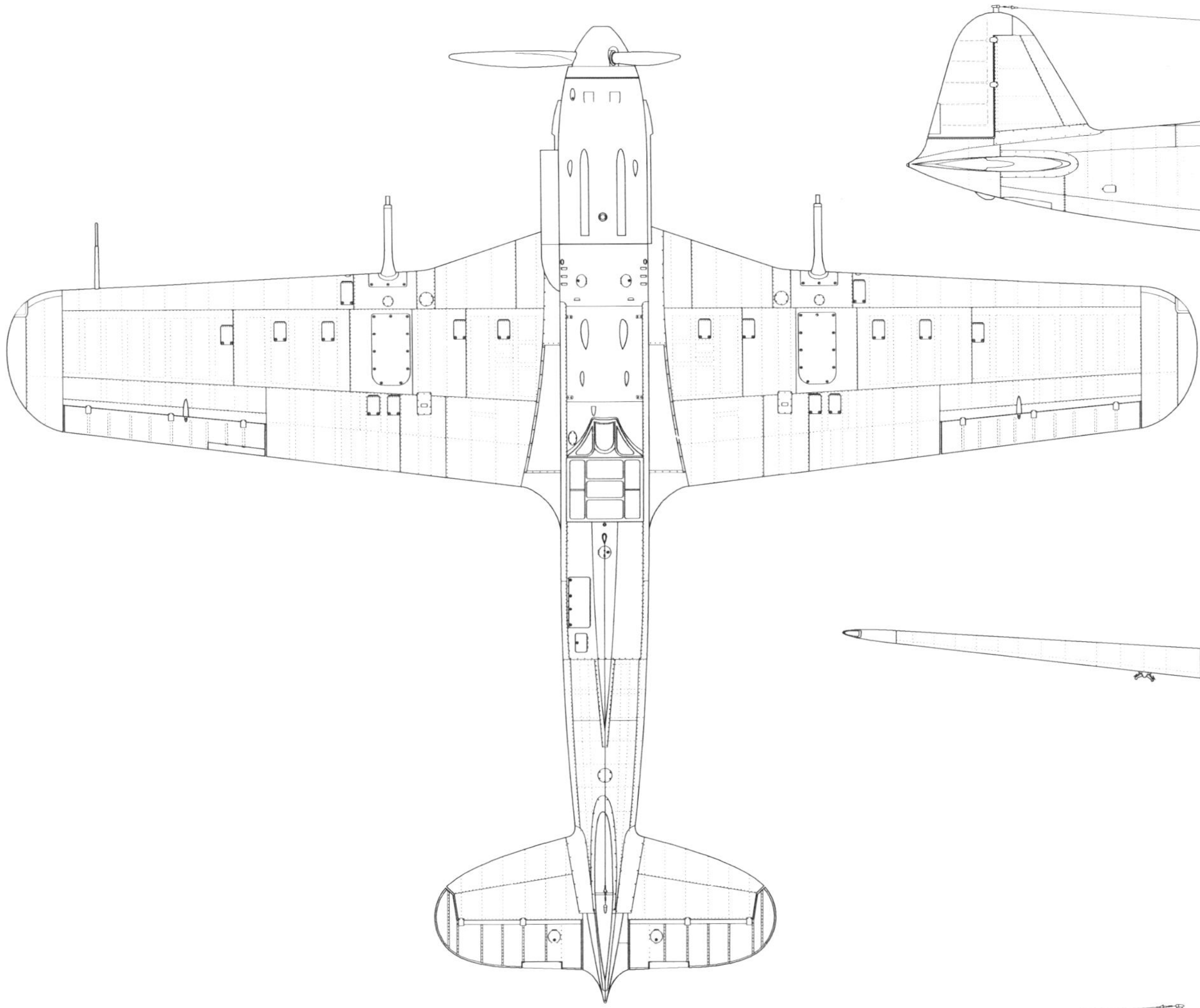

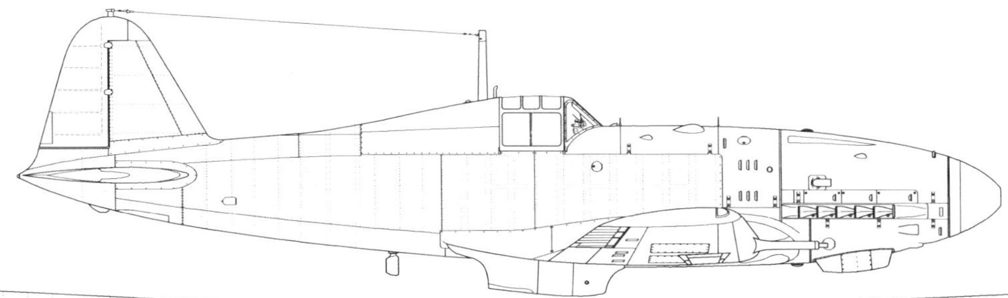

Fiat G.55 Serie 1
late production

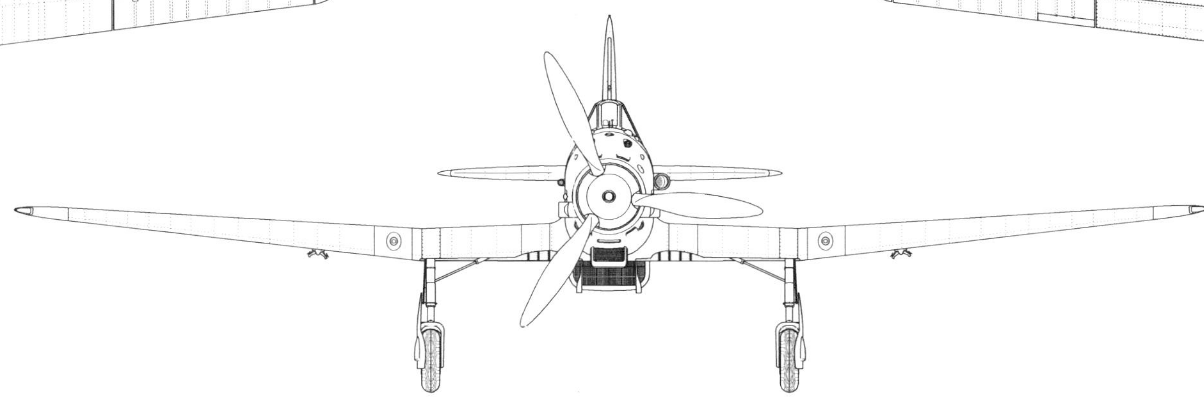

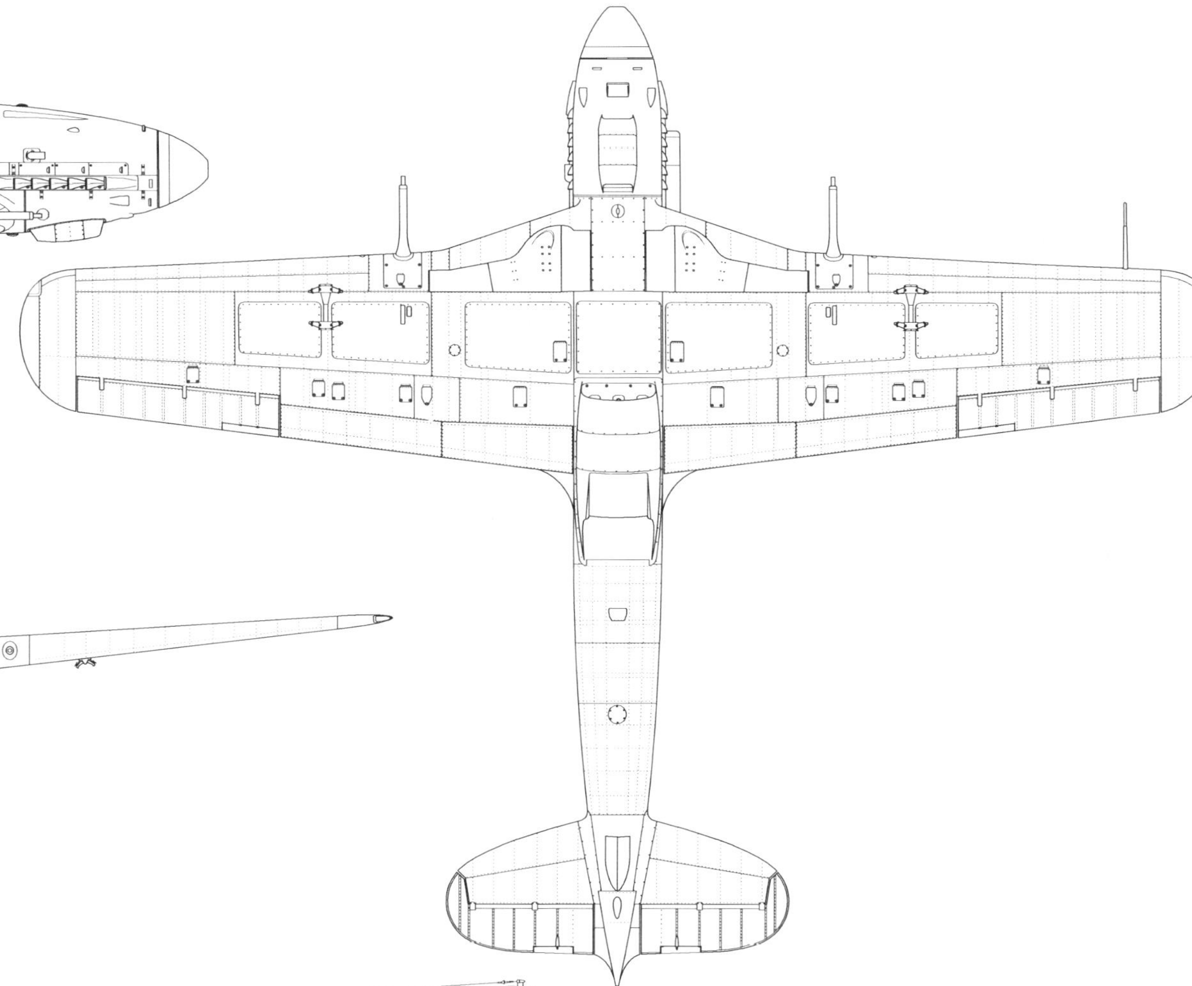

Fiat G.55S (Silurante)

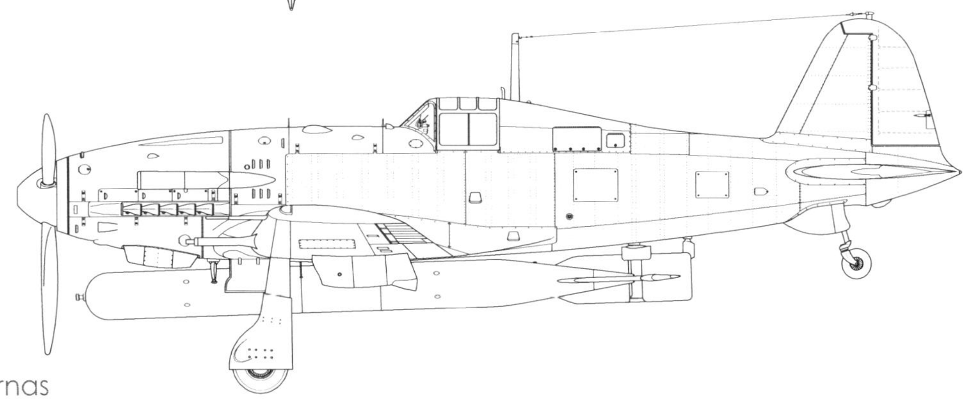

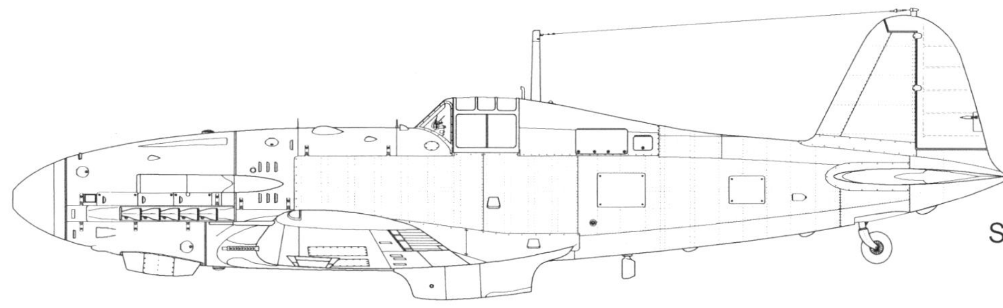

G.55A
Syrian/Egyptian version

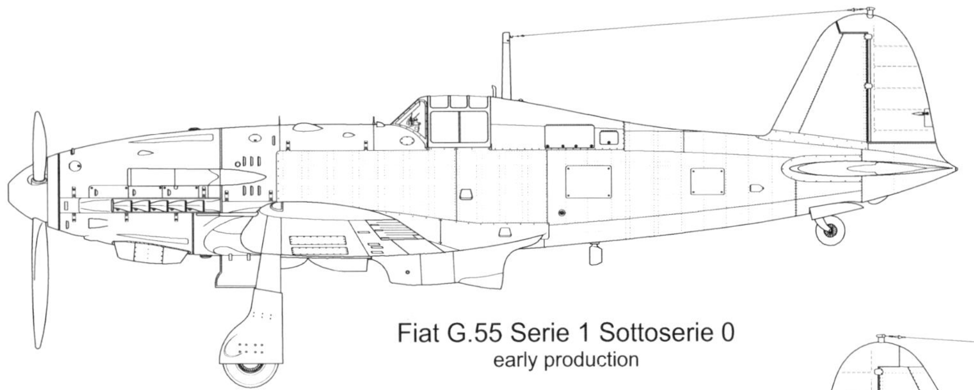

Fiat G.55 Serie 1 Sottoserie 0
early production

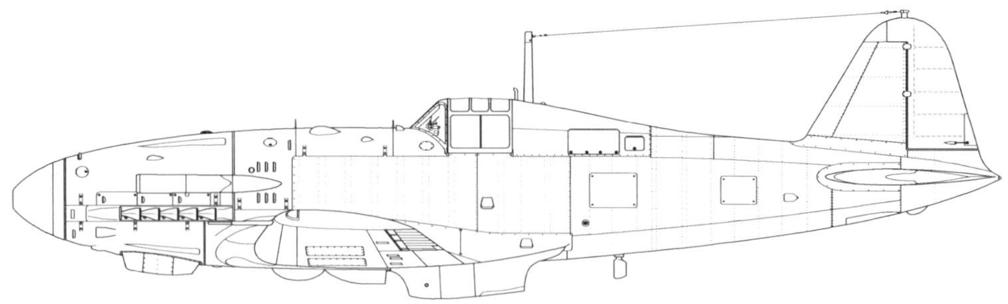

Fiat G.55 Serie 1 Sottoserie 0
late production

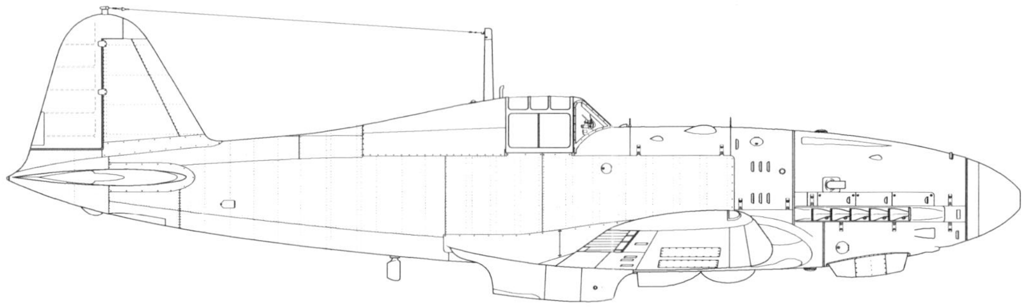

Fiat G.55 Serie 1 Sottoserie 0
late production

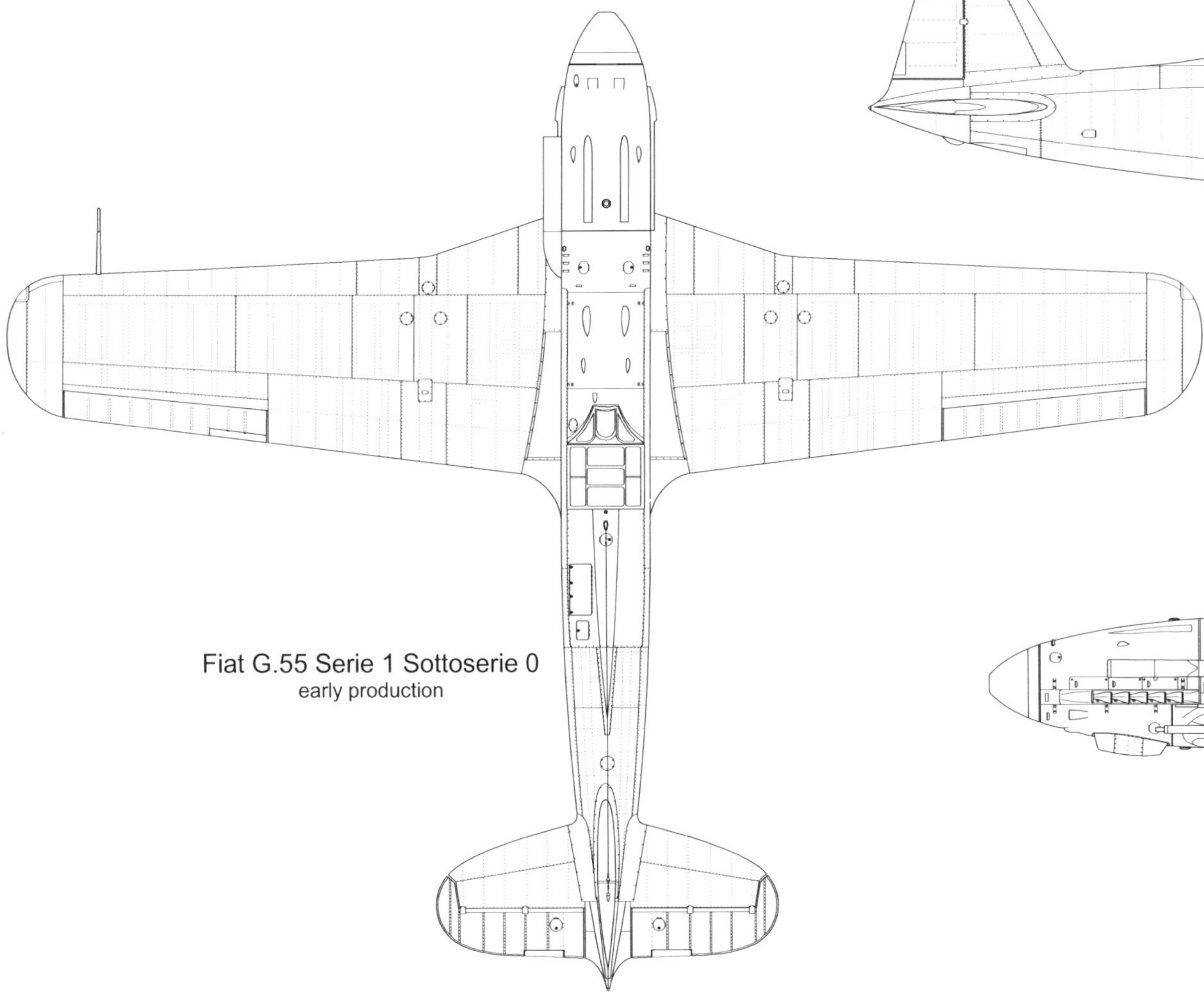

Fiat G.55 Serie 1 Sottoserie 0
early production

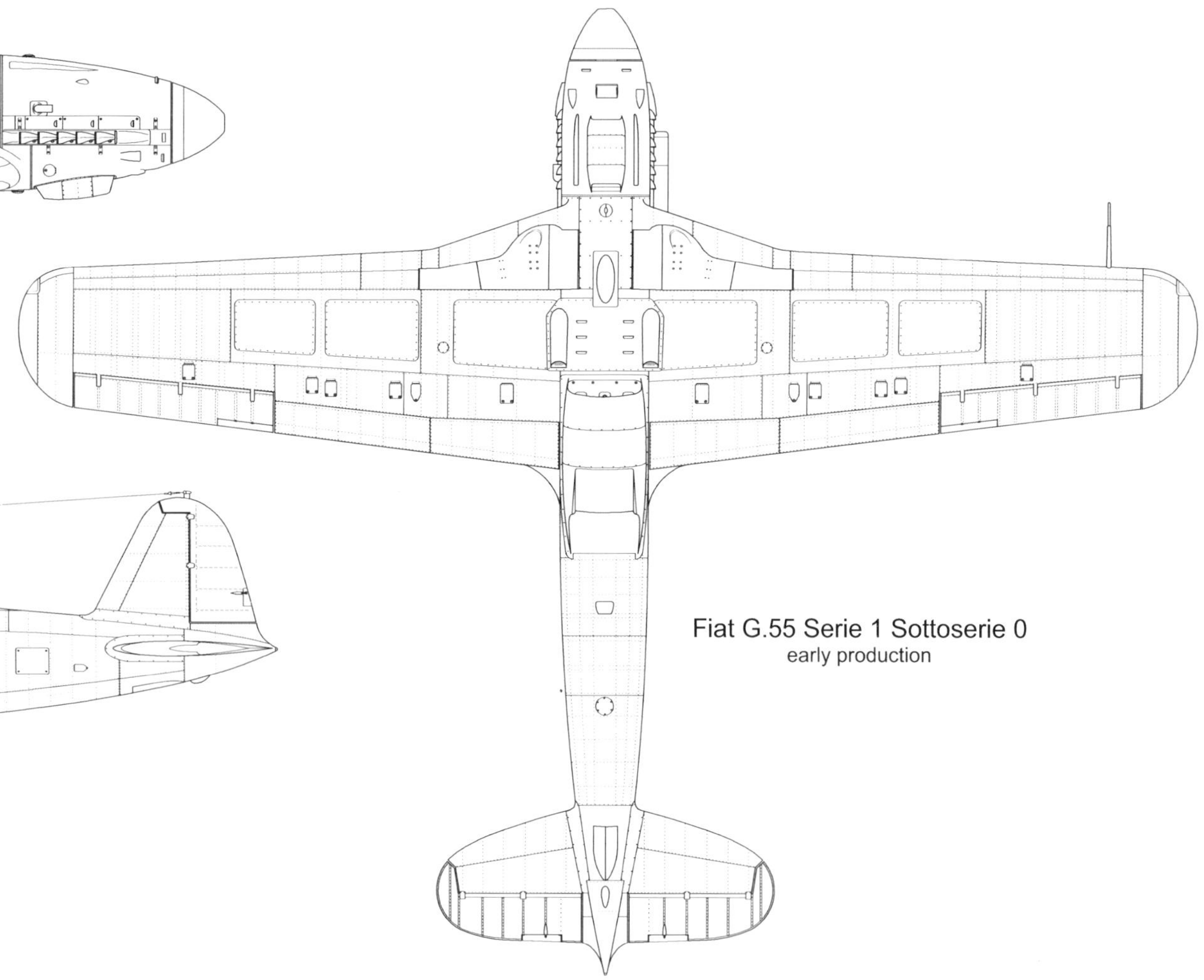

Fiat G.55 Serie 1 Sottoserie 0
early production

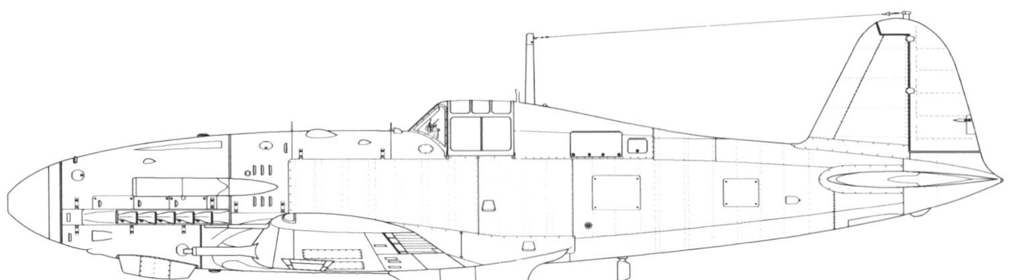

Fiat G.55 Serie 1
early production

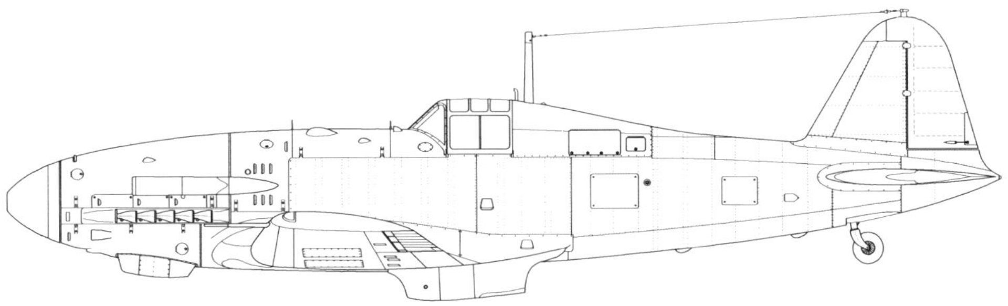

Fiat G.55 A

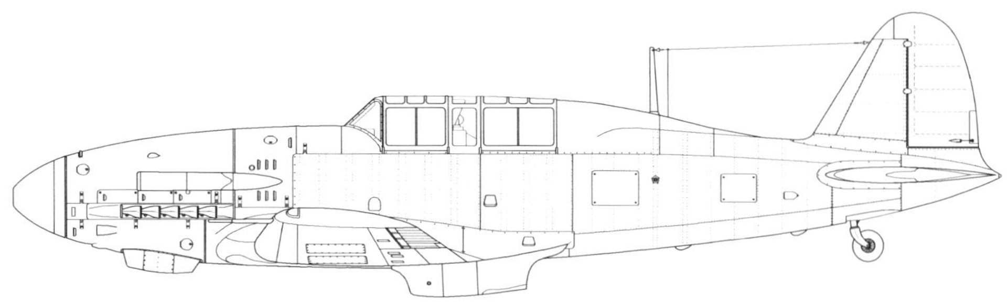

Fiat G.55 B

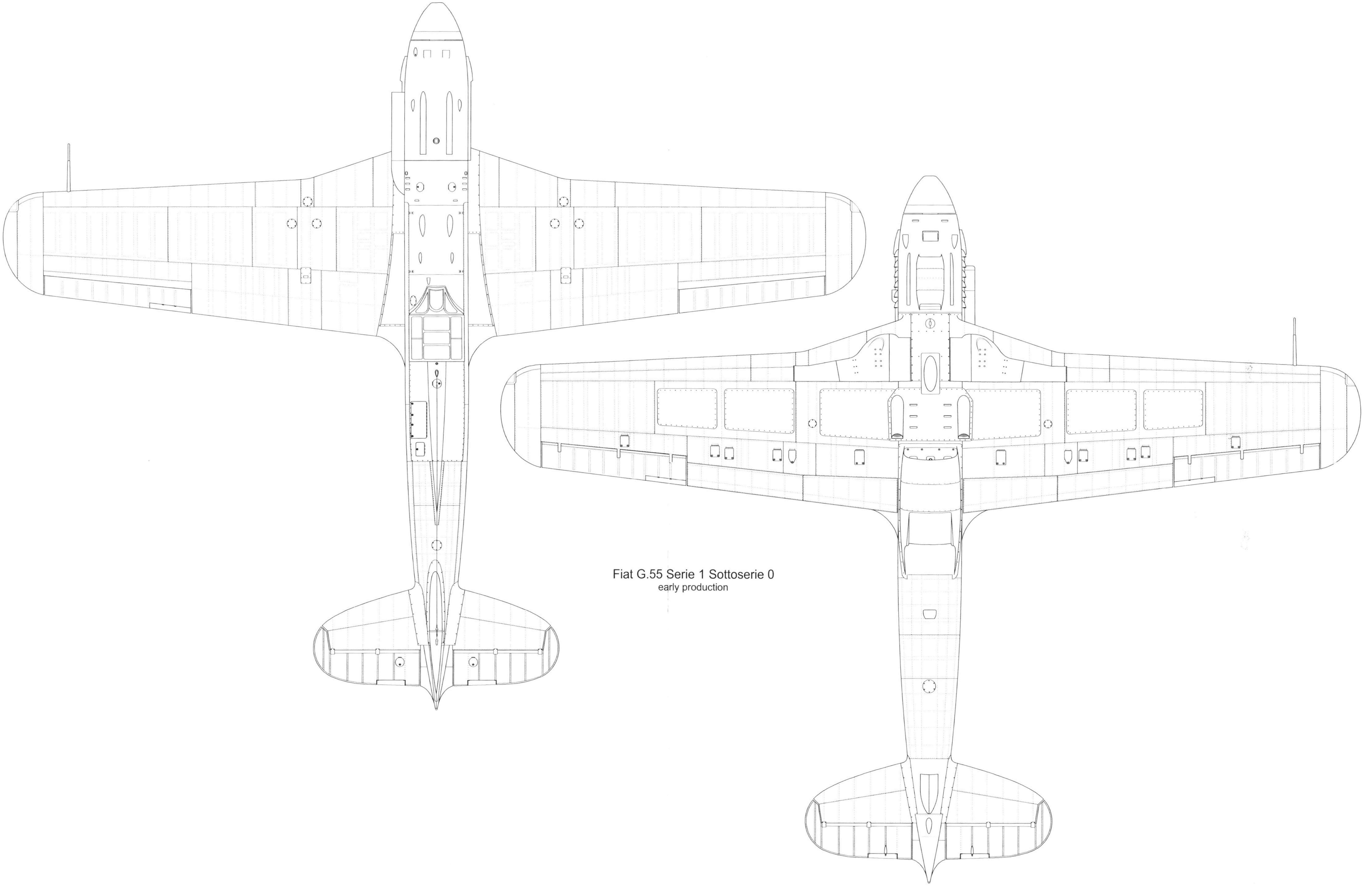

Fiat G.55 Serie 1 Sottoserie 0
early production

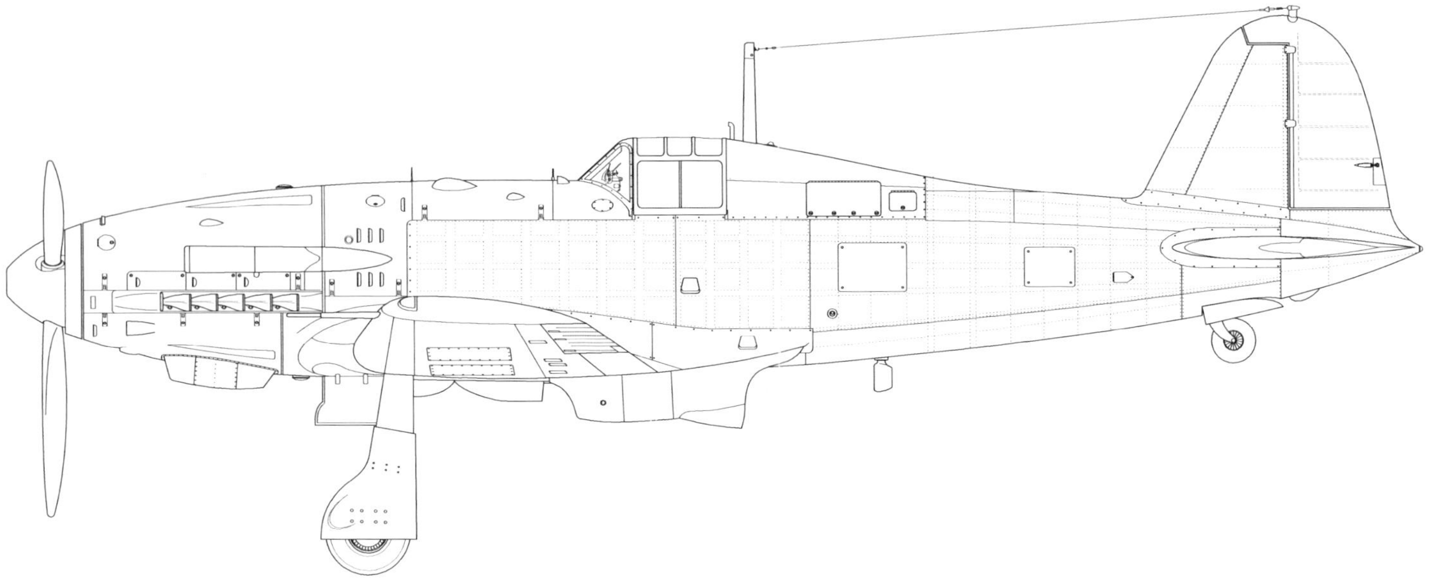

Fiat G.55 Serie 1 Sottoserie 0
early production

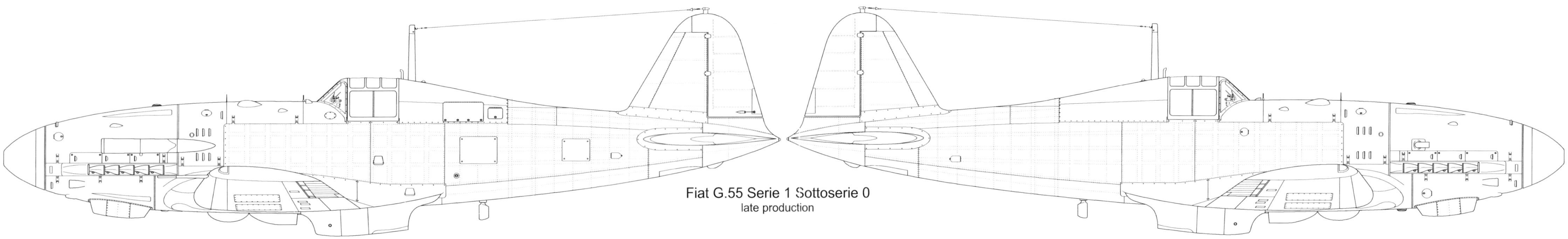

Fiat G.55 Serie 1 Sottoserie 0
late production

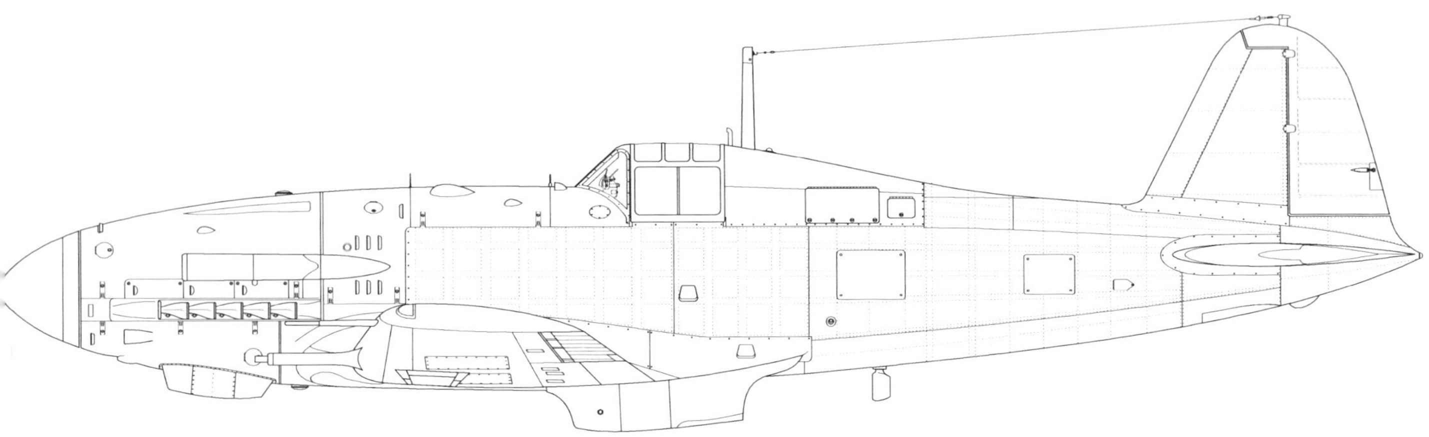

Fiat G.55 Serie 1
early production

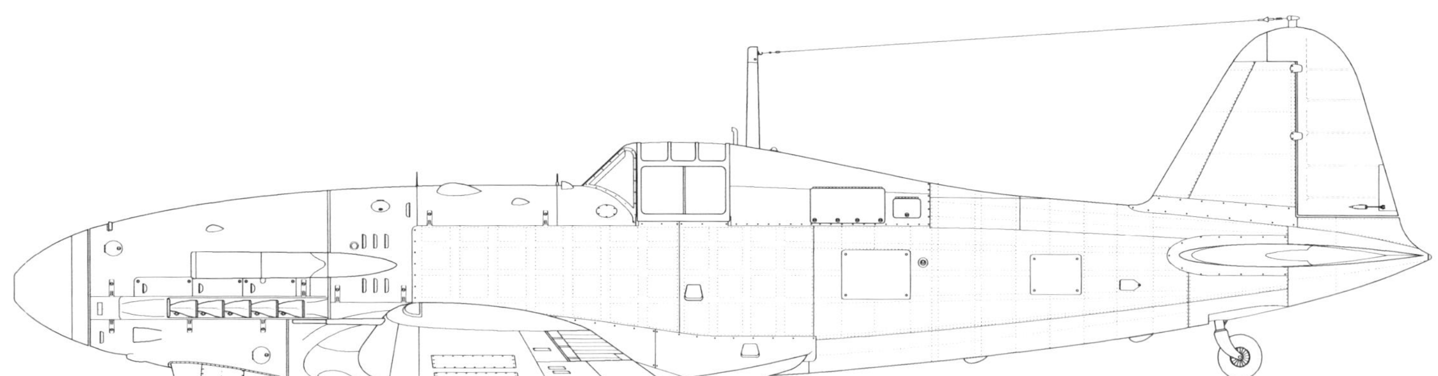

Fiat G.55 A

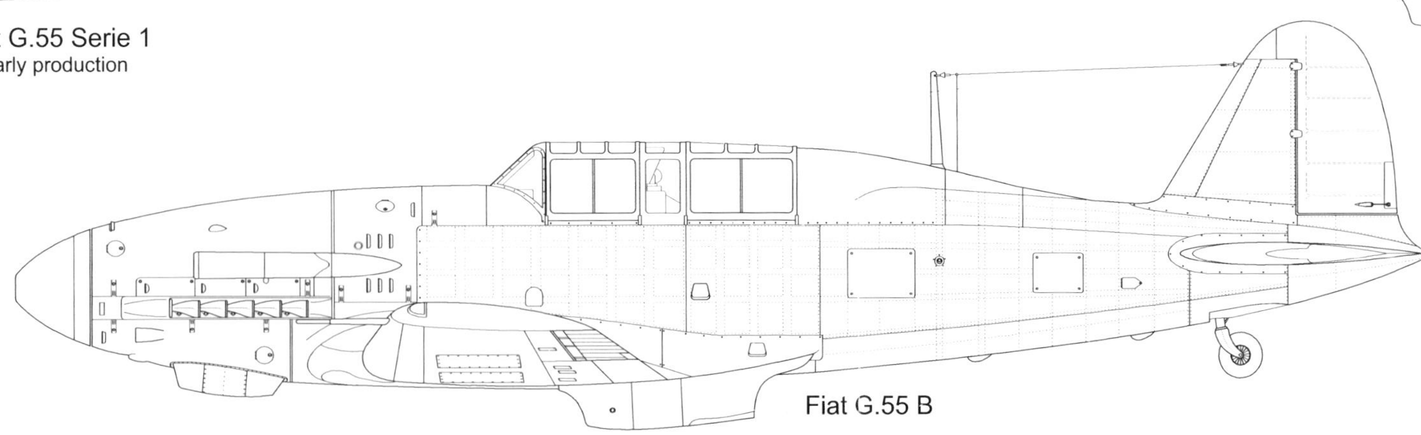

Fiat G.55 B

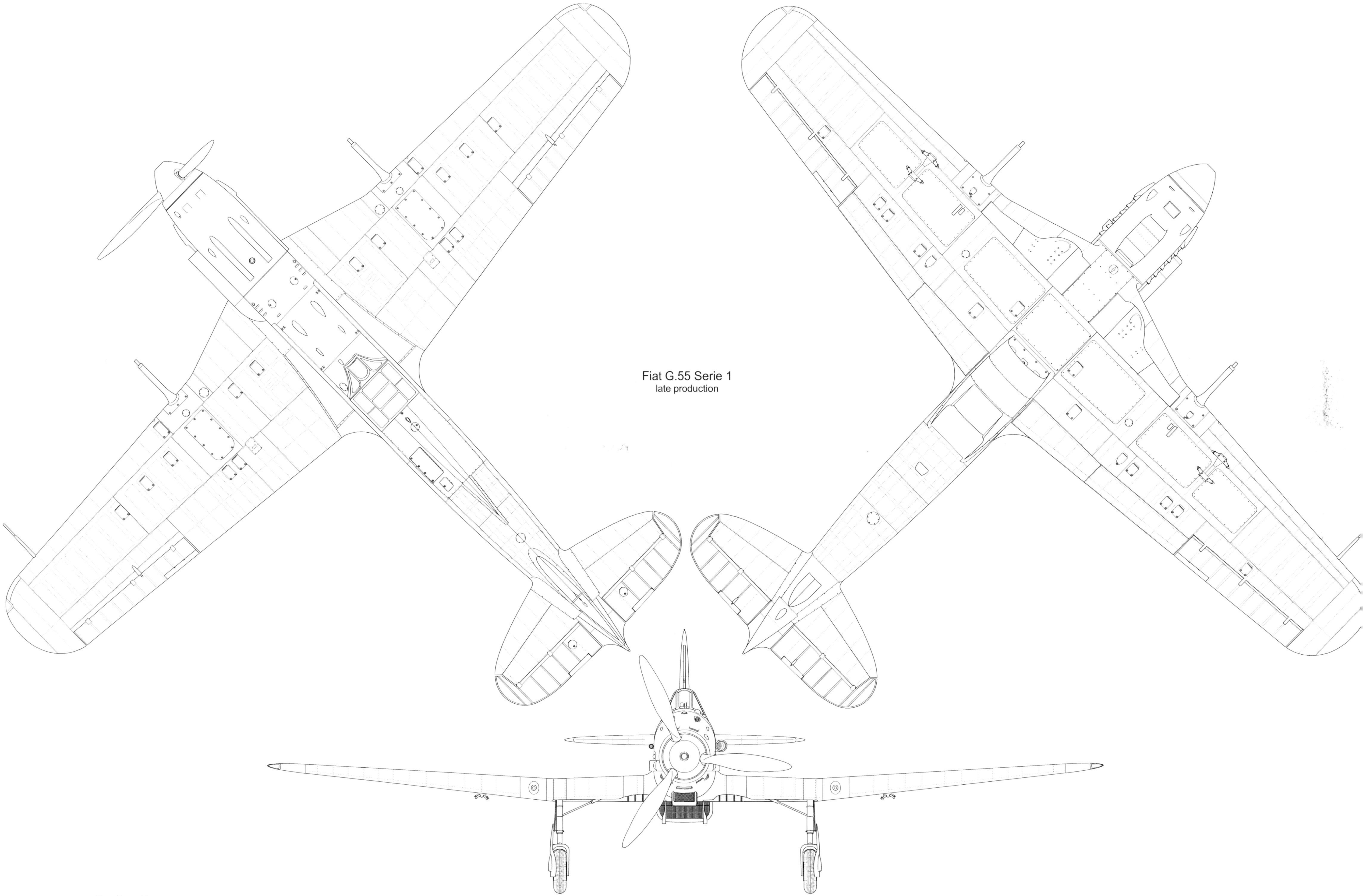

Fiat G.55 Serie 1
late production

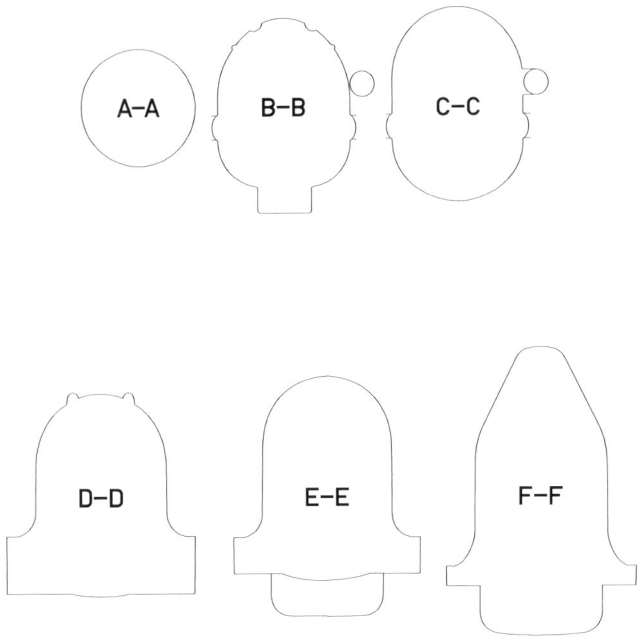

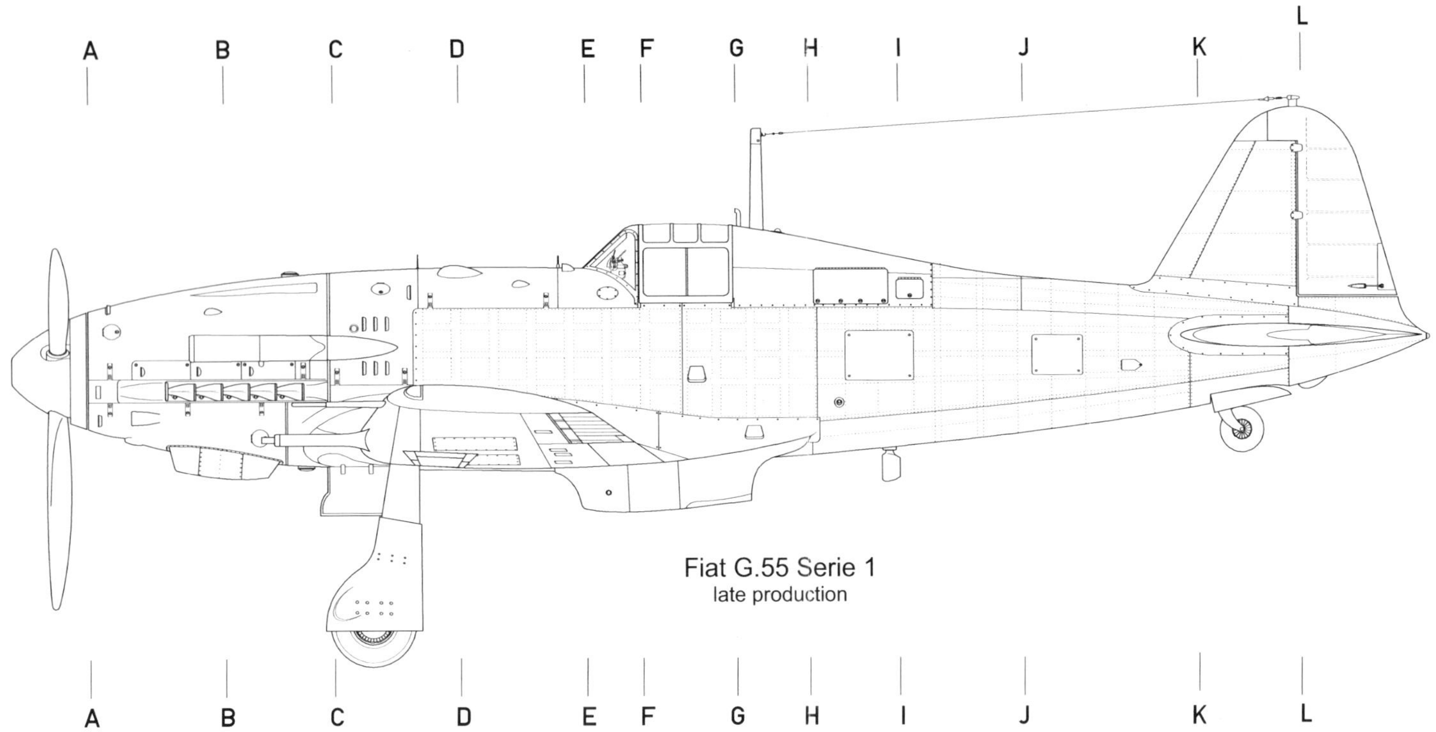

Fiat G.55 Serie 1
late production

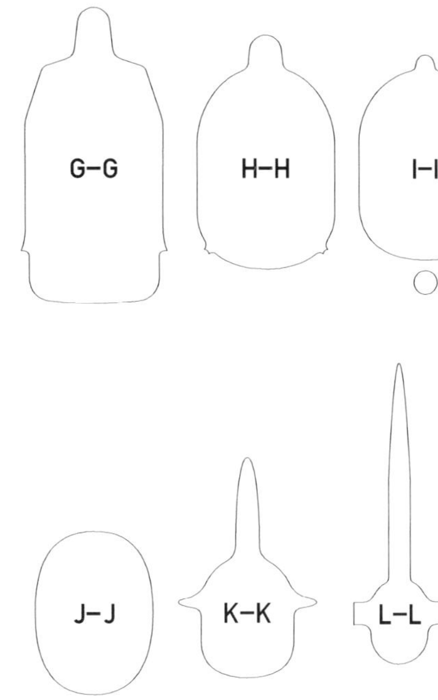

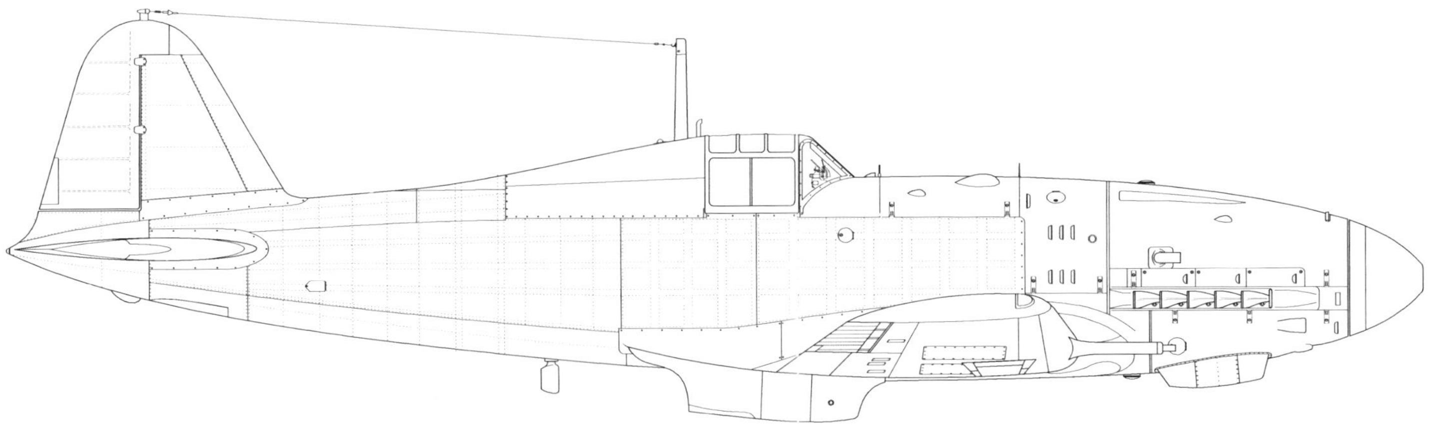

Fiat G.55 Serie 1
late production

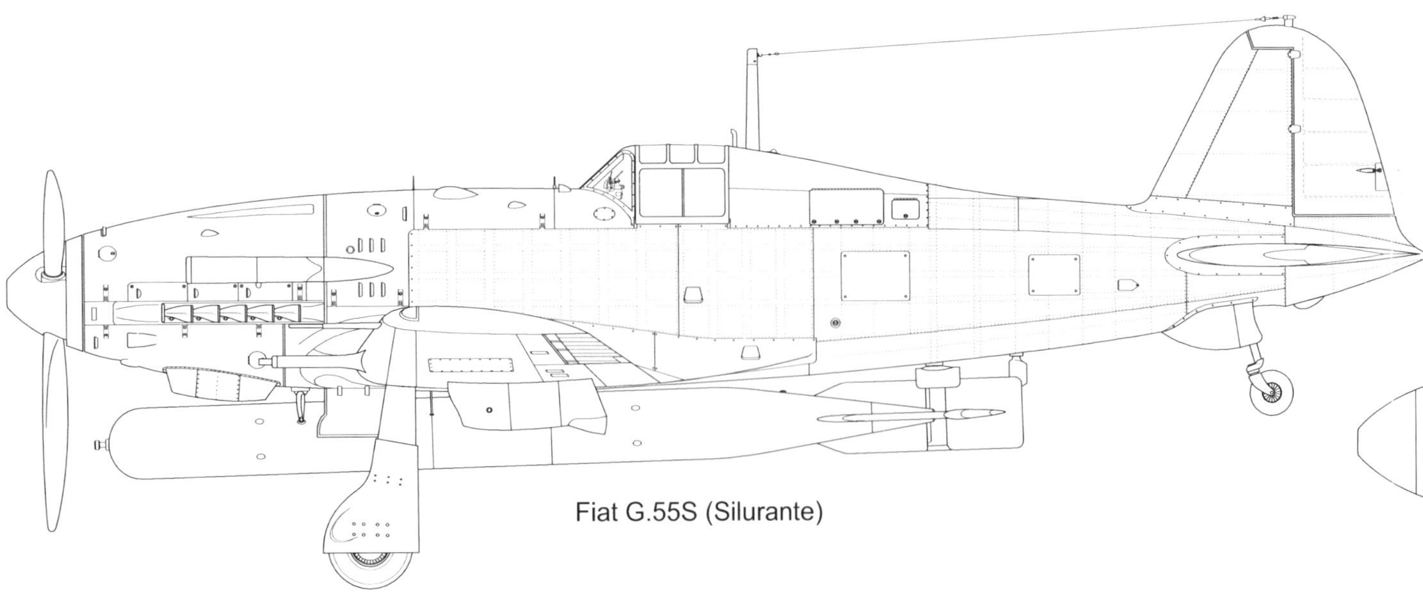

Fiat G.55S (Silurante)

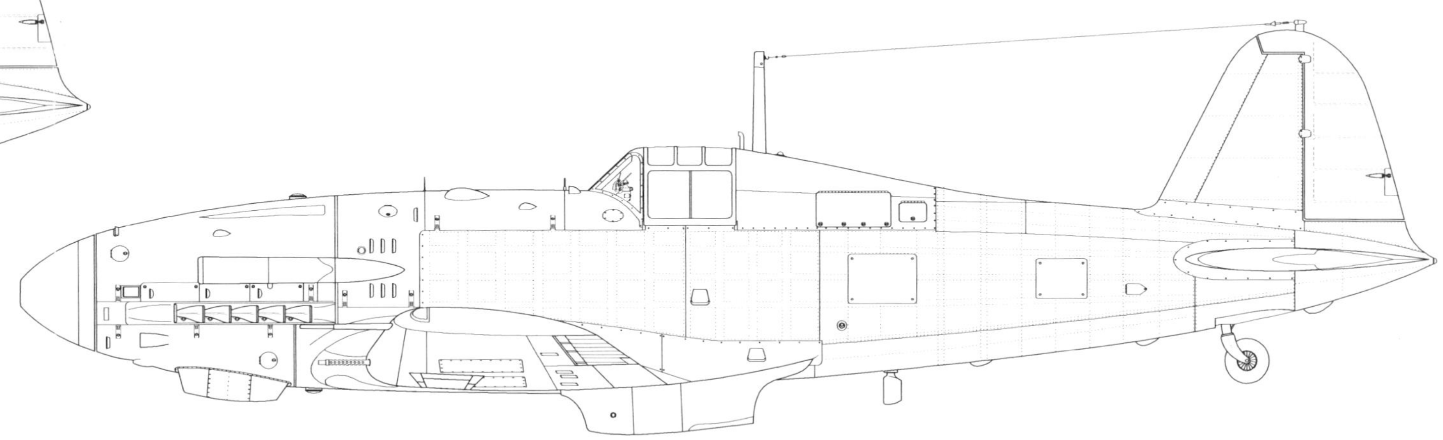

G.55A
Syrian/Egyptian version

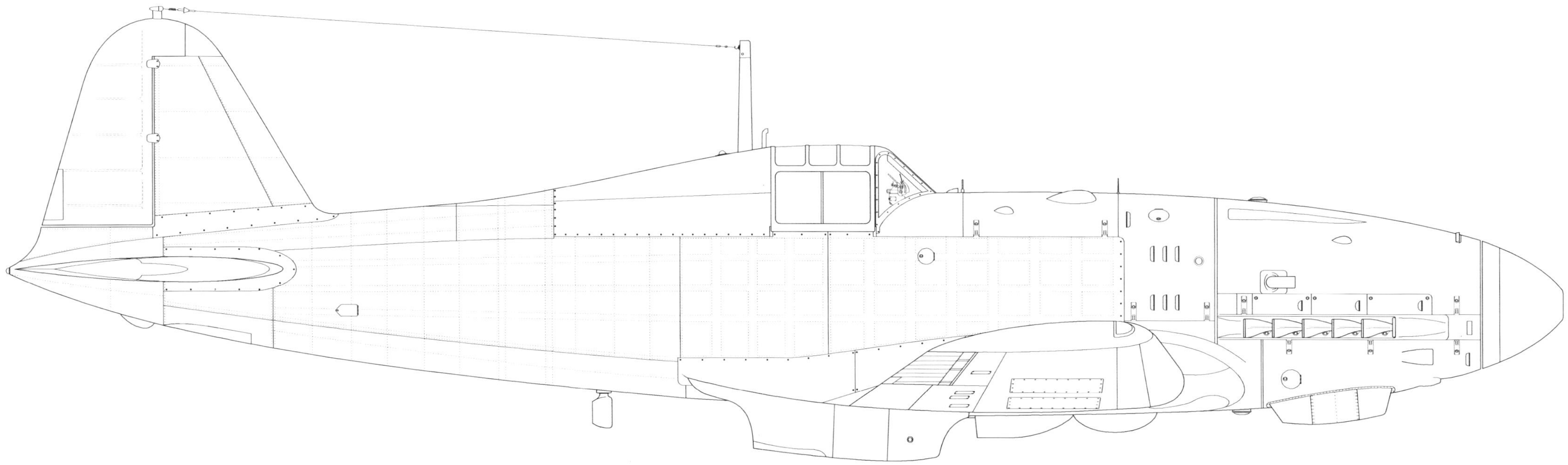

Fiat G.55 Serie 1 Sottoserie 0
late production

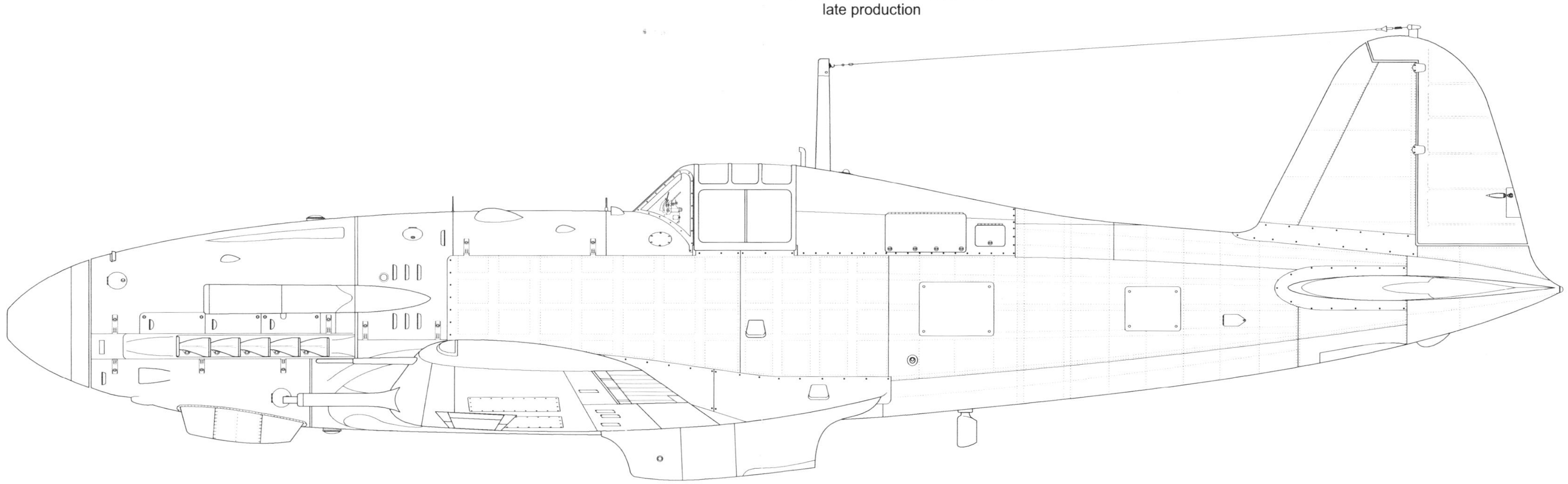

Fiat G.55 Serie 1
early production

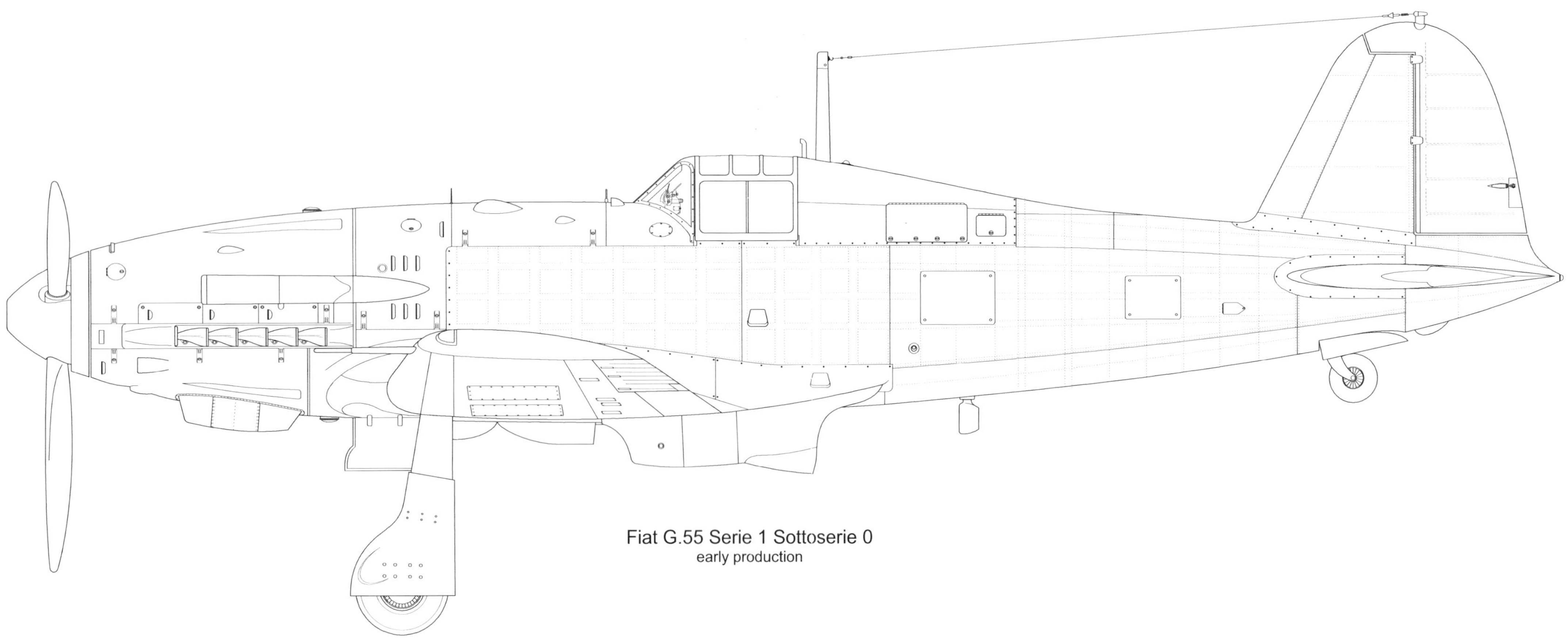

Fiat G.55 Serie 1 Sottoserie 0
early production

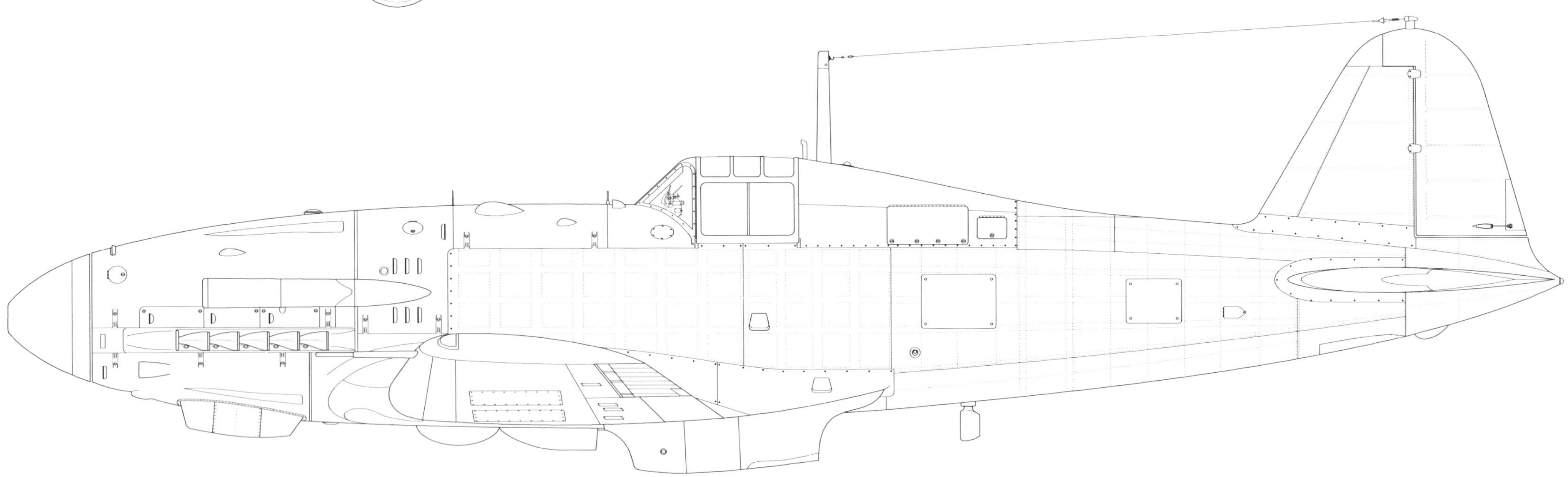

Fiat G.55 Serie 1 Sottoserie 0
late production

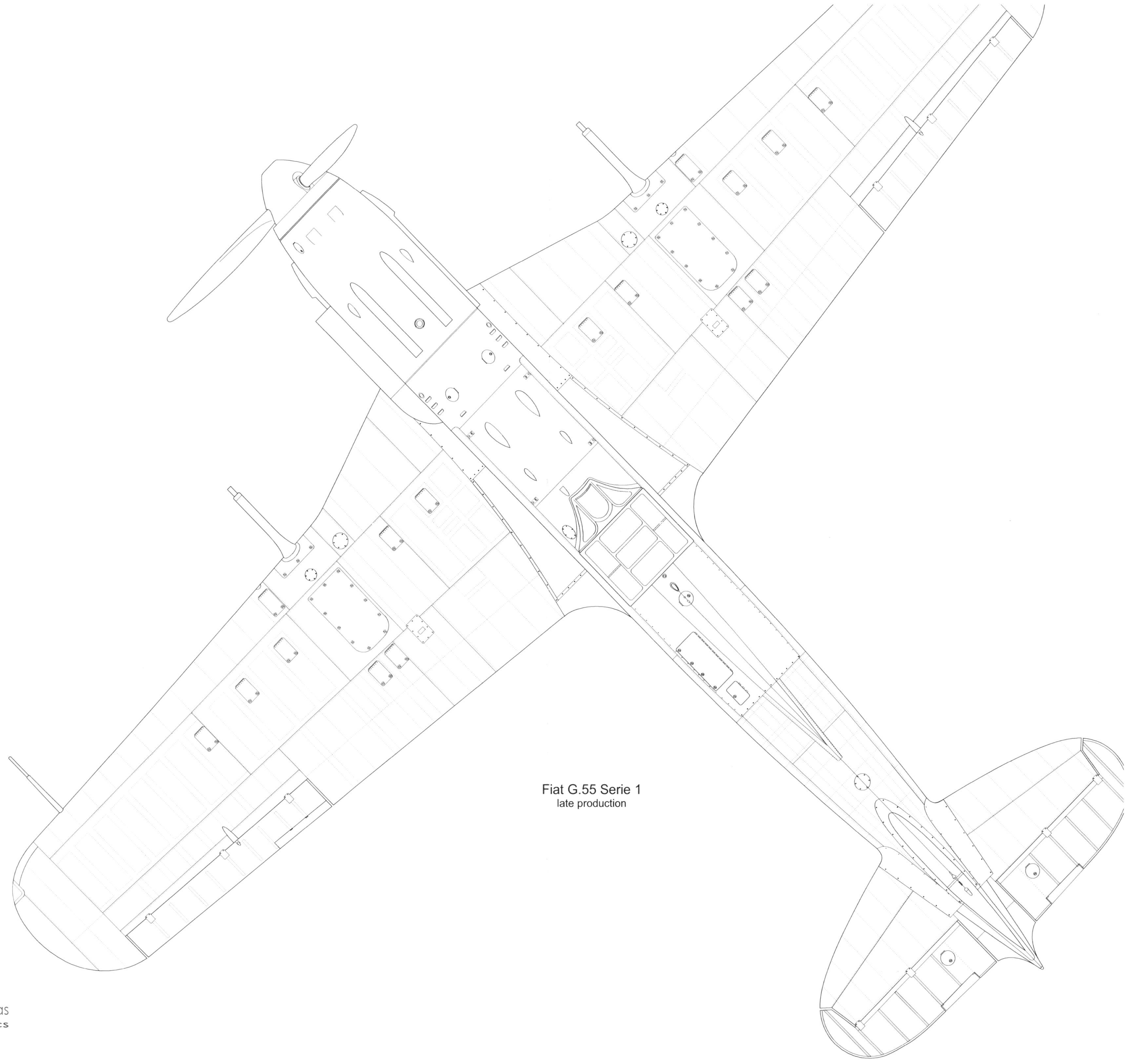

Fiat G.55 Serie 1
late production

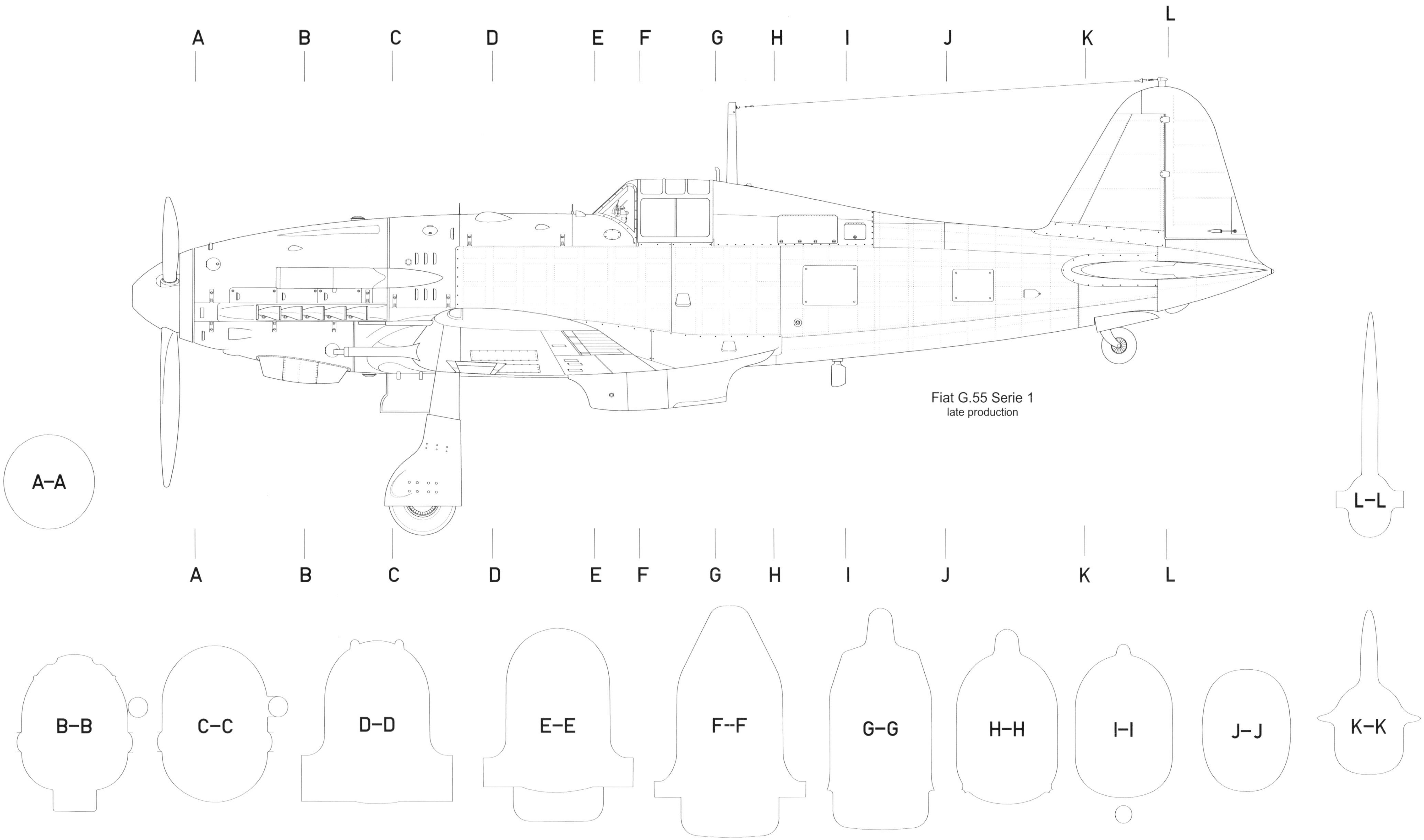

Fiat G.55 Serie 1
late production

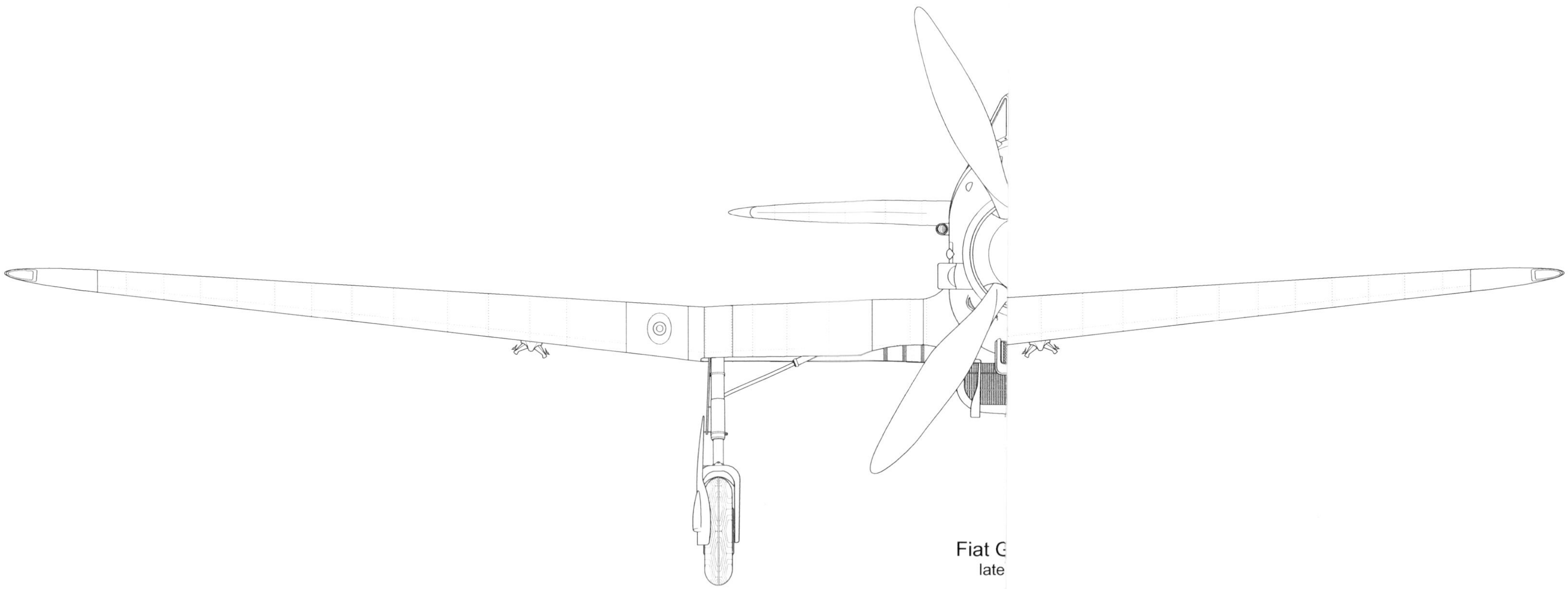

Fiat G
late

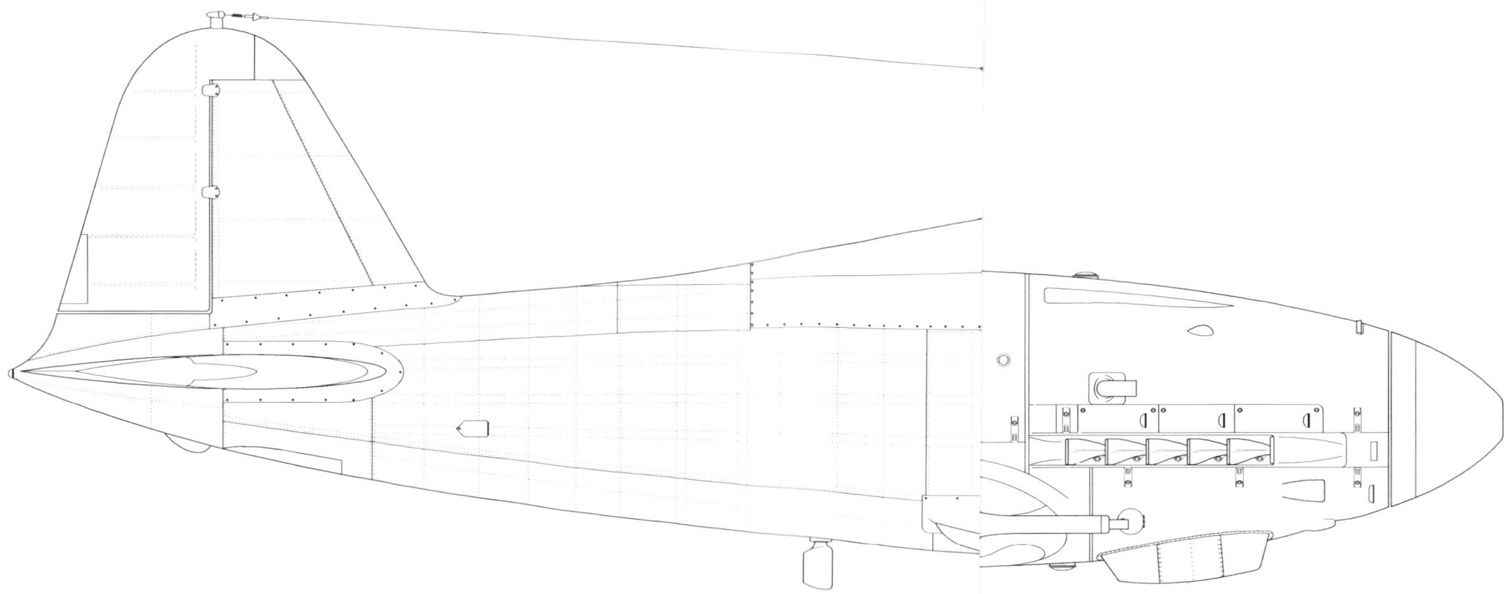

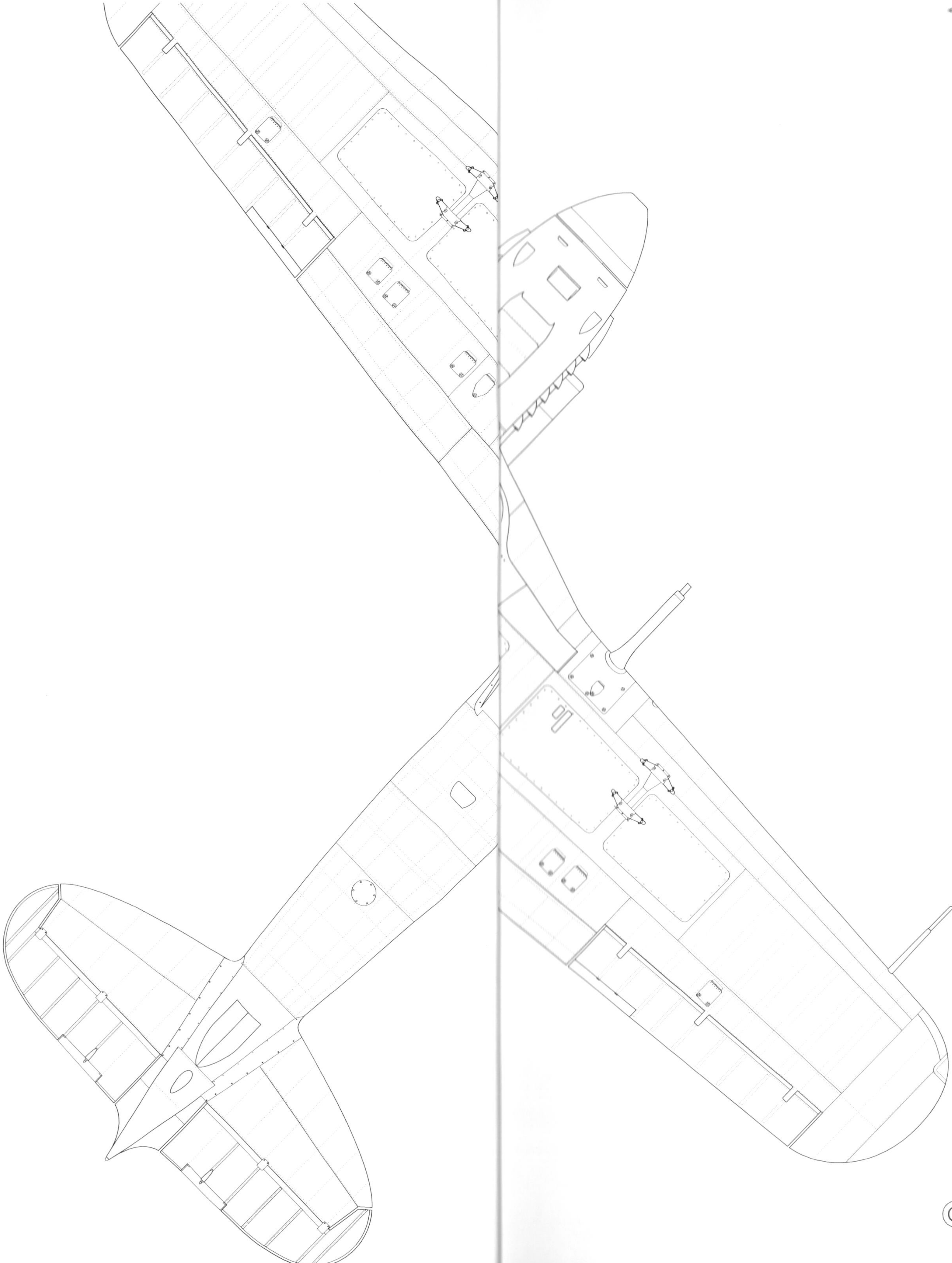